Segnen im Alltag

Gregor M. Schöffmann

Segnen im Alltag - Der vergessene Schlüssel zu mehr Glück und Wohlbefinden

Das Impressum finden Sie auf der letzten Seite des Buches.

INHALT

EINSTIMMUNG

Liebe Leserin, lieber Leser, danke, dass Sie dieses Buch zur Hand genommen haben.

Vielleicht geht es Ihnen ja wie mir, für lange Zeit: Ich verortete das Segnen überall, nur nicht im ganz gewöhnlichen Alltag.

Doch genau da, wo das Leben täglich gelebt wird, gehört das Segnen hin!

Mit dem Segnen verhält es sich nicht anders als mit Sport oder dem Gang in die Sauna: Zweimal im Jahr die Joggingschuhe zu schnüren und laufen zu gehen oder einmal im Jahr in die Sauna, hilft gesundheitlich nicht weiter. Wenn wir einen echten Nutzen haben wollen, müssen wir es regelmäßig tun. Integriert in unseren Alltag, als selbstverständlichen Teil unseres Handelns.

Die gute Nachricht: Segnen ist viel leichter zu integrieren als sportliche Aktivität. Sie brauchen keine Ausrüstung, keinen besonderen Ort, keine spezielle Zeit. Sie müssen nicht religiös sein. Sie brauchen keine spirituellen Erfahrungen, keinen Workshop, Kurs oder eine besondere Ausbildung. Ausnahmslos jeder Mensch kann es nutzen, unabhängig von Herkunft, Bildung oder Einkommen. Segnen kostet uns keinen Cent, belohnt uns aber auf unbezahlbare Weise.

Nehmen Sie sich die Zeit dieses Buch in Ruhe zu lesen. Einmal. Zweimal. Dreimal. Legen Sie sich dieses Buch auf Ihren Nachttisch oder den Schreibtisch. Lesen Sie immer mal wieder ein Kapitel oder einen Abschnitt. Erinnern Sie sich. Gönnen Sie sich die Freiheit und die Freude, es zu tun. Segnen Sie!

Machen Sie das Segnen zu Ihrem täglichen Begleiter, Ihrem Helfer und Heiler. Hören Sie nie auf, mit dem Segnen anzufangen. Und fangen Sie nie an, damit aufzuhören.

1. SEGNEN IM ALLTAG

Segnen ist einfach: Es kostet kein Geld und wenn Sie es in Ihren Alltag integrieren, es sich zur Gewohnheit machen, noch nicht einmal Zeit. Sie brauchen keine Hilfsmittel oder eine besondere Umgebung. Sie brauchen nur sich selbst. Das ist einfach, oder?

Möglicherweise ist es bereits Jahre her, dass Sie zuletzt bewusst gesegnet haben. Vielleicht bei der Geburt eines Kindes, bei der Verabschiedung eines Freundes, im Wissen um eine längere Trennung oder die letzte Begegnung mit einem Sterbenden.

Tatsache ist: Sie können es. Und wenn Sie zu den Menschen gehören, die durch ihre innere Haltung ganz unbewusst segnen, was ihnen begegnet, dann werden Sie sich in diesem Buch ganz sicher wiederfinden.

Jeder kann es, jeder darf es. Glauben Sie nur, dass Sie es können, und Sie werden es können. Erlauben Sie sich, es zu dürfen, und Sie werden es tun.

Wirksames Segnen hat zwei Komponenten: das gedankliche oder laute Aussprechen der Absicht und – wichtig – das „Ankommen" der Absicht im Energiefeld unseres Herzens. Dieses Ankommen im Energiefeld Ihres Herzens können Sie wahrnehmen und spüren. Richten Sie dazu einfach Ihre ganze Aufmerksamkeit auf den Bereich Ihres Herzens, gleich nachdem Sie Ihren Segen formuliert haben. So wird das Segnen zum Segen: Der Gedanke erschafft eine Absicht, die das Herz mit Freude füllt und aussendet.

Hier folgt nun, ganz praktisch, eine Anleitung für erfolgreiches Segnen im Alltag. Um es gleich zu sagen: Wir können alles segnen, was uns begegnet. Und wir sollten alles segnen, was uns begegnet. Für den Beginn empfehle ich Ihnen das Einfachste:

Segnen Sie die Menschen, die täglich Ihre Wege kreuzen – auf der Fahrt zur Arbeit, im Zug oder im Bus, beim Einkaufen oder auf der Straße.

Segnen Sie die Gesundheit, Familie und Beziehungen, berufliches und finanzielles Wohlergehen, das Liebesleben, den Tag, den Abend oder die Woche der Menschen, die Ihnen begegnen. Einfach so.

Sie stehen also an der Haltestelle für den Bus oder an der Kasse des Supermarktes. Vor oder neben Ihnen steht eine Person. Vielleicht hat sie einen seltsamen Hut auf, schaut unfreundlich oder erfüllt ganz grundsätzlich nicht Ihr Schönheitsideal. (Wenn doch, dann suchen Sie sich bitte eine andere Herausforderung; ich bin sicher, Sie werden fündig.)

Und dann: Segnen Sie! Blicken Sie auf die Person (oder halten Sie diese in Ihrem Bewusstsein), sprechen Sie gedanklich Ihren Segen und richten Sie dann Ihre innere Aufmerksamkeit auf Ihren Herzbereich. Spüren und beobachten Sie. Lassen Sie sich überraschen.

Ideal ist die Zeit in Bus oder Bahn. Jemanden zu segnen, der nur kurz an Ihnen vorbeiläuft, ist zwar möglich, aber einfacher ist es, wenn Sie die Person (oder Personen), welche Sie segnen möchten, länger in physischer Nähe haben. Und denken Sie auch an den Busfahrer und die Zugführerin, selbst wenn Sie diese nicht sehen können. Segnen Sie die Person, die Sie sicher transportieren soll.

Sie befinden sich in einer menschenleeren Straße? Dann segnen Sie den Tag oder die Bewohner der Häuser, an denen Sie gerade vorbeigehen. Passieren Sie ein Krankenhaus, dann segnen Sie die Patienten und alle Personen, die dort ihren Dienst verrichten. Oder *denken* Sie einfach an die wichtigen Institutionen und Personen in Ihrem Ort/Ihrer Stadt. Segnen Sie die Polizisten, Feuerwehrleute, Sanitäter, Krankenschwestern; die Bauern, Busfahrer und Zugführer; segnen Sie den Bürgermeister/die Bürgermeisterin, die örtliche

Verwaltung und deren Beamte (ja, auch die!). Segnen Sie vor allem die, vor denen Sie sonst zurückschrecken, bei denen Sie Abstand wahren. Segnen Sie die, die Ihnen unangenehm auffallen, die mürrisch oder komisch sind.

Sie werden schnell feststellen, wer Ihren Segen brauchen kann und bei wem Sie einen Segen gebrauchen können. Gut tun wird der Segen immer, und zwar Ihnen. Probieren Sie es aus!

LESEPAUSE – ÜBUNG: Rausgehen und Segnen

Setzen – oder besser: Stellen Sie sich in den nächsten Bus, die nächste Straßenbahn. Gehen Sie auf den Marktplatz oder in die nächste Wirtschaft. Und dann: Segnen Sie!

Es ist ein Sonntag oder noch früh am Abend? Dann machen Sie es jetzt. Wenn es schon spät ist: Erinnern Sie sich an eine beliebige Person aus Ihrer Nachbarschaft oder jemanden, dem Sie regelmäßig begegnen (beim Einkaufen oder vor dem Haus). Holen Sie sich die Person bildhaft ins Gedächtnis. Und dann: Segnen Sie!

Der nächste Tag ist ein Werktag? Umso besser. Platzieren Sie dieses Buch für morgen so, dass es Sie vor dem Verlassen des Hauses an Ihre neue Aufgabe erinnert. Und dann: Segnen Sie! Auf dem Weg zur Arbeit oder zum Einkaufen. In der Arbeit, im Wartezimmer oder wo auch immer Sie sich aufhalten werden.

Es geht nicht darum, möglichst *viele* Menschen zu segnen. Es geht nur darum, es zu tun. Je öfter wir es tun, desto mehr wird es für uns tun. Segnen ist also fast wie Sport, nur auf einer anderen Ebene.

Segnen Sie jeden Tag mindestens einen Menschen, dessen Gesundheit und Wohlergehen. Ihnen begegnet ein Pärchen? Dann segnen Sie deren Beziehung. Der Bus, in dem Sie sich befinden, ist völlig überfüllt?

Dann segnen Sie den Tag für alle Menschen in diesem Bus!

Sie selbst eingeschlossen.

2. „WARUM SOLL ICH ANDERE SEGNEN?" – BELIEBTE WIDERSTÄNDE UND EINWÄNDE

Nun, haben Sie es ausprobiert? Oder haben Sie geschummelt und ohne die praktische Übung und Erfahrung weitergelesen? Möglicherweise, weil Sie einen Widerstand gespürt haben, andere Personen – Fremde womöglich – zu segnen?

Wenn dem so ist – und auch wenn dem nicht so ist –, lade ich Sie ein, jetzt diese kleine Gedankenübung zu machen. Sie ist ganz einfach:

Stellen Sie sich einen großen Raum vor. Sie selbst befinden sich in diesem Raum und blicken auf die einzige Türe. Durch diese Türe treten nun Menschen in den Raum. Es sind die Menschen, über die Sie sich regelmäßig ärgern. Es sind die Menschen, über die Sie sich regelmäßig und mit Vorliebe echauffieren. Weil sie ihre Arbeit „nicht richtig machen", „Unsinn erzählen", „keine Ahnung haben", Ihnen „das Leben vermiesen" ...

Ob Politiker oder Journalisten, Finanzbeamte, Ihre Nachbarn, Ihr Ehepartner, Hundeliebhaber oder Fußballfans, über wen auch immer Sie gewohnheitsmäßig Ihr Urteil fällen und Ihren Zorn ausschütten – sie alle kommen nun in diesen Raum. Und sie kommen nur aus einem einzigen Grund: um *Sie* zu segnen!

Ihre täglichen Bemühungen zu segnen. Ihre Familie zu segnen. Ihre Gesundheit zu segnen. Ihre Arbeit zu segnen. Ihr finanzielles Wohlergehen zu segnen. Ihre Vorlieben, Ihre Pläne, Ideen und Träume zu segnen.

Stellen Sie sich jetzt vor, wie all diese Menschen Sie anblicken und *Ihnen* ihren Segen geben!

Legen Sie das Buch für einige Minuten zur Seite und geben Sie sich Raum, dem gerade Erlebten nachzuspüren.

✳ ✳ ✳

Erwarten wir nicht alle das Beste vom Leben? Tolle Beziehungen, Gesundheit und Wohlergehen, beruflichen Erfolg, ein erfüllendes Liebesleben? Erwarten wir nicht alle, unausgesprochen, dass uns das Leben all dies zugesteht? Und ehrlicherweise erwarten wir auch, dass die anderen Menschen da draußen es uns zugestehen. Auf einer tiefen Ebene wollen wir alle gesegnet sein.

Ist es, so gesehen, nicht naheliegend, klug und stimmig, wenn auch wir allen anderen das zugestehen, was wir für uns selbst wünschen, erwarten und erhoffen? Es ergibt keinen Sinn, Fülle und Segen zu erwarten, aber andere Menschen von unserem Segen auszuschließen; auszuschließen durch unsere gewohnheitsmäßigen, ja ritualisierten Wertungen und Urteile.

Doch die Antwort auf die Frage, warum Sie andere segnen sollten, ist viel einfacher: Sie tun es für sich selbst! Weil es Ihnen damit besser geht. Noch einmal: weil es Ihnen damit besser geht! Braucht es da noch mehr Gründe?

Wenn Sie es selbst erleben möchten, dann legen Sie dieses Buch für die nächsten vier, fünf Tage – vielleicht eine Woche – zur Seite und nehmen das, was Sie bis hierher gelesen haben, mit in Ihren Alltag. Und üben das Segnen.

Erleben Sie den Unterschied, wenn Sie, anstatt zu grübeln, segnen; anstatt Vergangenem nachzuhängen, segnen; statt zu urteilen, segnen. Erleben Sie, wie es Ihnen geht, wenn Sie sich nicht mehr durch Nachrichten und soziale Medien zerstreuen und verwirren lassen, sondern damit beschäftigt sind, Ihr Herz zu spüren und anderen

Menschen zu wünschen, was Sie auch für sich wünschen.

Glauben Sie mir nicht. Probieren Sie es aus.

3. SICH SELBST SEGNEN

Mit meinen Ausführungen im letzten Kapitel und Ihren neu gemachten Erfahrungen ist sicher offenbar geworden, warum das Segnen anderer Menschen der erste Schritt sein sollte. Nicht weil „die anderen" wichtiger sind als man selbst. Sondern weil „die anderen" genauso wichtig sind wie wir selbst!

Und sollte es Ihnen schwergefallen sein, andere zu segnen und ihnen das Beste zu wünschen, dann vielleicht, weil Sie sich selbst (noch) nicht das Beste zugestehen können.

Wenn dem so ist, wird es höchste Zeit, sich selbst zu segnen. Denn selbstverständlich dürfen, ja sollen Sie sich selbst und Ihr Leben segnen! So natürlich und selbstverständlich, wie Sie jemanden segnen, *den Sie lieben*.

Segnen Sie sich – für all das, das Sie sich erwünschen oder erträumen, für all das, was Sie sind, für all das, was Sie tun und bereits geschafft haben. Segnen Sie all das, was Sie erlebt und vielleicht auch überlebt und durchgestanden haben. Segnen Sie Ihre Herausforderungen und die Aufgaben, vor denen Sie stehen. Segnen Sie Ihre Gesundheit, Ihren Körper, jedes einzelne Ihrer Organe, deren Funktion und Wohlergehen.

Segnen Sie Ihre Beziehungen, die Entwicklung Ihrer Talente und Fähigkeiten, Ihr berufliches und finanzielles Wohlergehen. Segnen Sie das Geld, das Sie verdienen, die Türen, die sich öffnen, die Unterstützung, die Sie erhalten.

Segnen Sie Ihre Geduld, Ihr inneres Leuchten, Ihre Klarheit. Segnen Sie Ihr Selbst und Ihr Leben. Erheben Sie das Selbst-Segnen zu einer Gewohnheit. Segnen Sie die wichtigsten Dinge Ihres Lebens, an jedem Tag Ihres Lebens!

Gesundheit

Segnen Sie täglich Ihre Gesundheit. Sicher kennen Sie den alten Spruch: „Gesundheit ist nicht alles, aber ohne Gesundheit ist alles nichts." Wenn Sie sich gesund und wohl fühlen, sind Sie nicht nur beruflich leistungsfähiger, sondern auch ein besserer Freund, eine bessere Partnerin, ein angenehmerer Zeitgenosse für alle, die mit Ihnen zu tun haben, einschließlich Ihrer selbst.

Segnen Sie regelmäßig Ihre Organe, auch wenn diese gesund sind, und erst recht, wenn sie es nicht sind. – Erinnern Sie sich an Ihre Kindheit und Zeiten, in denen Sie krank waren: Wie wichtig war die Zuwendung der Mutter oder des Vaters; der Wadenwickel oder der Tee ans Bett? Geben Sie Ihren Organen, Ihrem Körper diese liebevolle Aufmerksamkeit und Ihre Dankbarkeit durch Ihren Segen!

Beziehungen

Segnen Sie Ihren Partner/ Ihre Partnerin. Segnen Sie Ihre Freunde. Segnen Sie die Beziehung zu Ihren Eltern, Ihren Kollegen. Segnen Sie die Qualität und Tiefe Ihrer Beziehungen. Segnen Sie all die Beziehungen, die Sie gerne verbessern möchten, und die Beziehungen, die Sie gerade belasten.

Segnen Sie Ihr Liebesleben. Auch und gerade wenn Sie keines haben, sich aber eines wünschen. Segnen Sie die Beziehung, die Liebe *zu sich selbst!*

Berufliches

Segnen Sie Ihre Aufgaben und Herausforderungen, Ihre Pläne, Projekte, Ideen. Segnen Sie die Fähigkeiten, Eigenschaften und die Unterstützung, die Sie benötigen. Segnen Sie Ihr berufliches und finanzielles Wohlergehen.

Segnen Sie morgens Ihren Tag. Und nach getaner Arbeit den Abend. Segnen Sie, was Sie den Tag über geleistet, getan, erlebt haben (unabhängig davon, ob Sie damit erfolgreich waren). Segnen Sie, jederzeit, sich, Ihr Leben und Wohlergehen. Das ist, wenn Sie so wollen, die umfassende Kurzformel des Segnens im Alltag. Wenden Sie dies an, für sich selbst und andere.

Lassen Sie sich von meinen Vorschlägen ermuntern und anregen. Letztlich folgen Sie beim Segnen Ihren eigenen Impulsen. Segnen Sie alles, was Sie heilen, stärken, entwickeln und erweitern möchten. Segnen Sie auch Ihre Wurzeln und den Weg, den Sie bis hierher genommen haben. Darum geht es auf den nächsten Seiten.

4. DIE EIGENEN WURZELN SEGNEN

Nehmen Sie sich diese Woche einmal Zeit, um bewusst diejenigen zu segnen, ohne die es Sie nicht gäbe: Ihre Eltern, Großeltern, Urgroßeltern. Vielleicht bei einem Spaziergang in der Natur oder zu Hause, bei Tee und Kerzenlicht.

Danken Sie Ihren Ahnen dafür, dass diese vor Ihnen das Leben gemeistert und damit Ihr Dasein auf dieser Erde ermöglicht haben. Danken Sie von Herzen und segnen Sie die Lebenskraft, die Sie von Ihren Ahnen empfangen dürfen. Haben Sie damit Schwierigkeiten, dann segnen Sie Ihre Fähigkeit, das Gute annehmen zu können.

Segnen Sie auch die Schicksale Ihrer Vorfahren und denken Sie dabei mit an die Menschen, von denen Sie nicht direkt abstammen, aber mit denen Sie unter Umständen mehr zu tun haben, als Sie ahnen. Vor allem die Geschwister Ihrer Eltern, Großeltern und Urgroßeltern. Aber auch frühere PartnerInnen Ihrer Eltern und Großeltern und andere Personen mit einer engen Bindung zu Eltern und Großeltern können eine unbewusste Rolle spielen.

Wurde jemand ausgeschlossen, verurteilt, verlacht, für verrückt erklärt? Wer hat Schuld auf sich geladen? Wer war in einen Unfall verwickelt? Wer litt oder starb an einer schweren Krankheit? Wer hat schon früh nahe Angehörige, Kinder, Partner, Geschwister, verloren? Wer musste seine Heimat verlassen? Wer musste in den Krieg?

Segnen Sie jede einzelne dieser Personen, von deren Schicksal Sie wissen. Segnen Sie diese mitsamt dem Schicksal, was immer es war (oder auch noch ist). Wir können nicht ungeschehen machen, was erlitten und durchlitten wurde, doch wir können uns innerlich verneigen; verneigen vor den Menschen, deren Schicksalen und vor der Kraft, diese Schicksale zu tragen.

Segnen heißt Hinsehen, Wahrnehmen und Achten. Unsere Seele möchte gesehen werden, sich wahrgenommen und geachtet wissen. Hinsehen heilt. Anerkennung heilt. Segnen heilt.

Sollten Sie bei der Beschäftigung mit Ihren Wurzeln spüren, dass Sie mit irgend jemandem aus Ihrer Herkunftsfamilie, Ihrer Sippe, noch ein ungelöstes Thema haben, auf ungute Weise verbunden sind, dann segnen Sie bewusst sich selbst, die andere Person und Ihr gemeinsames Thema. Erkennen Sie an, dass es da ist. Zögern Sie nicht, sich Unterstützung zu holen, wenn es um die Klärung und Lösung aus solchen Themen und Verstrickungen mit anderen Personen und Schicksalen geht.

Dasselbe gilt, wenn unerklärliche Ängste, wiederkehrende Muster oder Krankheiten in Ihrem Leben oder in Ihrer Familie präsent sind.

Systemische Kinesiologie und Aufstel-
lungsarbeit kann Ihnen dabei helfen, solche
Dynamiken zu erkennen und zu klären. Und
auch wenn es um belastende Ereignisse in
Ihrer eigenen Biografie geht.

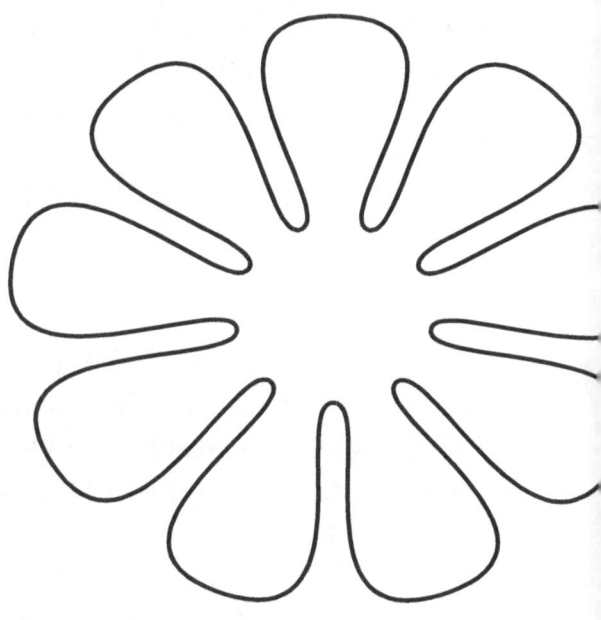

5. DIE VERGANGENHEIT SEGNEN

Schwieriges oder Belastendes aus der Vergangenheit loszulassen, ist der Wunsch unzähliger Menschen. Doch wie lässt man los, was man verdrängt hat? Wie lässt man los, was man nicht sehen möchte? Wie lässt man los, was man sich als „schlechte Erfahrung" eingeprägt hat?

Bevor wir loslassen können, müssen wir hinsehen, das Geschehene annehmen, es als Teil unseres gelebten Lebens akzeptieren. Nicht als gut, nicht als schlecht, aber als das Geschehene, das geschehen ist. Es klingt paradox, doch Loslassen geschieht durch Annehmen.

Was wir loslassen, loslassen wollen, ist niemals das Ereignis selbst. Es sind die negativen Emotionen, die stressbeladenen Erinnerungen, negative und destruktive Gedanken im Zusammenhang mit vergangenen Ereignissen und Erlebnissen, von denen wir uns befreien wollen und befreien dürfen.

Gibt es ein Ereignis in Ihrem Leben, das Sie belastet? Betrachten Sie es, wie Sie Ihre Ahnen betrachten. Machen Sie sich klar, dass Sie nicht das Ereignis sind. Segnen Sie das Ereignis und sich selbst. Segnen Sie den Schmerz, den Verlust, die Trauer oder die Wut. Halten Sie Ihr Herzfeld im Bewusstsein.

Segnen Sie die Person, die Ihnen etwas angetan hat. (Sie tun es für sich!) Die Person ist nicht die Tat und der Segen kein Gutheißen dessen, was da geschah.

Segnen heißt: anerkennen, was war, als Teil der eigenen Biografie. Wut und Hass gegenüber diesen Personen schaden uns selbst und halten uns gefangen; Emotionen verschmelzen mit Erinnerungen – so ist Loslassen unmöglich.

Es liegt nahe: Solange wir jemandem gegenüber Hass empfinden für das, was er oder sie uns angetan hat, so lange sind wir emotional mit der Person und dem zugrunde liegenden Ereignis verbunden. Natürlich ist es unser gutes Recht, an diesen Emotionen – der Wut, dem Zorn, dem Hass – festzuhalten. Doch wem nutzt das? Und wem schadet es?

Wir haben jederzeit die Wahl, „im Recht zu sein" und uns von den alten Ereignissen und Emotionen beherrschen zu lassen. Oder wir wählen den Weg der Heilung. Das Segnen kann uns dabei helfen. Vielleicht nicht alleine, aber ganz sicher als wichtigen Schritt.

Öffnen wir beim Akt des Segnens unser Herzfeld, öffnet sich ein Raum der Heilung. Geben Sie all Ihren erlebten und erlittenen Erfahrungen, den schmerzhaften Ereignissen Ihres Lebens, deshalb ganz bewusst einen Platz in Ihrem Herzen; segnen Sie jedes Ereignis und Erlebnis, das Sie derzeit belastet, und übergeben Sie es Ihrem Herzen zur Heilung und Transformation.

Schließen Sie daran beteiligte Personen mit ein. Sagen Sie sich: „Ich mach was draus." Und segnen Sie, was immer das sein wird!

Und schließlich besteht Ihre Vergangenheit nicht nur aus schlechten Erfahrungen und freudlosen Zeiten. – Segnen Sie alle schönen Ereignisse, Erlebnisse und Erfahrungen, Ihre gelebten Beziehungen. Segnen Sie alle Probleme, die Sie gemeistert, Hürden, die Sie überwunden haben. Segnen Sie, was Sie gelernt haben, sich angeeignet, wofür Sie sich einst begeistert haben.

Das mag lange zurückliegen, doch all das sind Sie, in Ihrer Einzigartigkeit. Segnen Sie Ihre Einzigartigkeit, Sie haben jeden Grund dazu.

❀ ❀ ❀

Der Blick in die Vergangenheit ist gut, um Frieden zu schließen. Doch der Schritt zu

Glück und Wohlbefinden findet anderswo statt: im Hier und Jetzt. Im Leben, durch das Leben. Wenden Sie sich dem zu, was Sie stärkt, nährt, heilt. Segnen Sie, was Sie bereits als Ihr Eigen erleben, ebenso wie das, was Sie benötigen und erwarten.

Segnen Sie Ihre Heilung auf allen Ebenen. Segnen Sie Ihre Kraft und Stärke, Ihren Mut und Ihre Lebensfreude. Segnen Sie das Licht, das Sie durchströmt und heilt. Segnen Sie die Unterstützung, die Sie von überallher erreicht (und Ihre Fähigkeit, diese anzunehmen). Segnen Sie die Freude und Liebe, die Sie sind. Segnen Sie Ihren Körper, Ihre Gedanken, Ihre Genialität und Einzigartigkeit.

Segnen Sie Ihre Verbindung zum Leben selbst, zur Quelle der Energie, die Ihr Herz schlagen lässt. Ihr Herz ist diese Verbindung.

Und segnen Sie weiterhin andere! Aufzuhören, mit den Gedanken um sich selbst zu kreisen, ist heilsam. Öffnen wir dabei noch unser Herz, zusammen mit einer klaren Intention für das Gute, dann öffnen wir einen Kanal, über den all das zu uns gelangen kann, das wir anderen wünschen.

6. SCHWIERIGE PERSONEN SEGNEN

Sehr wahrscheinlich haben Sie es längst bemerkt: Es ist leicht, jemanden zu segnen, den man nicht kennt. Schwieriger wird es, Personen zu segnen, die uns täglich begegnen: mit schlechter Laune, Gejammer oder Nörgelei; Personen, die ähnliche Eigenheiten besitzen wie wir – oder komplett das Gegenteil sind.

Sind wir im Frieden mit uns selbst, wird uns das wenig anhaben. Wir können es wahrnehmen und segnen. Sind wir jedoch im Konflikt mit uns oder einem Aspekt unseres Lebens, dann geschieht es leicht, dass solche Begegnungen wachrufen, was wir verdrängen, spiegeln, was wir ungern ansehen.

Dann dürfen wir diese Menschen und Begegnungen als Hinweisgeber betrachten, die uns unsere Verletzungen, Widerstände und unerfüllten Bedürfnisse zeigen, vielleicht auch unseren Neid, vorgefertigte (übernommene) Ansichten, unseren Ärger, Wut oder eine andere Emotion, eine Verletzung oder Erfahrung aus unserer Kindheit. Vielleicht erinnern sie uns auch an das, was wir bereits über uns und das Leben gelernt, im Alltag aber vergessen haben.

An dieser Stelle haben wir zwei Möglichkeiten: uns unserer Abwehr, unseren Urteilen hinzugeben oder uns bewusst zu werden, was es mit uns selbst zu tun hat; wo wir etwas heilen, annehmen, verändern dürfen.

Segnen Sie daher gerade diese Menschen und Begegnungen. Das mag nicht leicht sein, doch es ist eine lohnenswerte Übung. Segnen Sie doch einmal Ihre Fähigkeit, diese Menschen zu segnen – und beobachten Sie, was geschieht.

Übergeben Sie Ihre Schwierigkeiten und Widerstände diesen Personen gegenüber Ihrem Herzen zur Heilung und Transformation.

*** *** ***

Eine echte Herausforderung im täglichen Leben sind die Begegnungen und Auseinandersetzungen mit Menschen, die uns mit realem Handeln (oder Nichthandeln) „das Leben schwer machen", deren Verhalten uns „gegen den Strich geht". Ja, Segnen ist einfach, aber nicht immer leicht.

Die beste Reaktion darauf wäre natürlich, immer dann zu segnen, wenn der Ärger über die Person oder deren Verhalten in uns hochkommt. Das ist leicht gesagt, oft schwer getan. Wir lieben es, uns über andere zu ärgern, wenn wir uns im Recht fühlen. Wir bestätigen uns mit unserem Ärger und füttern den „Rechthaber" in uns mit emotionaler Energie. Nutzen bringt es freilich keinen; weder uns noch der Person, über die wir uns ärgern. Auch eine akute Situation, ein entstandenes Problem oder ein Konflikt wird so nicht gelöst.

(Wenn wir uns ärgern, ist das übrigens genau, was wir tun: Wir ärgern uns – nicht jemand anderen. Den Schaden haben demnach wir. Dem anderen geht es meist hervorragend.)

Hier zwei Anregungen, damit umzugehen. Erstens: Wenn der Ärger hochkommt, lassen Sie ihm freien Lauf. Genießen Sie es. Ärgern Sie sich nach Strich und Faden. Zwei, drei oder vier Minuten, vielleicht sogar fünf Minuten (wie viel Zeit Ihres Lebens möchten Sie mit Sich-ärgern verbringen?). Segnen Sie Ihren Ärger.

Und dann atmen Sie tief durch. In Ihren Bauch, und mindestens sieben Mal. (Richten Sie Ihre Aufmerksamkeit ganz auf das Atmen.) Und dann segnen Sie die Person, über die Sie sich gerade so vorzüglich geärgert haben.

Segnen Sie als Erstes die Gesundheit und das Wohlergehen dieser Person – unabhängig von jeglichen Eigenschaften oder Attitüden, derentwegen Ihnen gerade „der Hut hochging". Segnen Sie Ihre Geduld und Weisheit, Ihre Fähigkeit, zum höchsten Wohle aller Beteiligten damit umzugehen, gute Lösungen zu finden und zu kommunizieren. Sollte der Widerwille so groß sein, dann segnen Sie in einem ersten Schritt genau die Attitüden, die Sie so sehr stören.

Machen Sie sich bewusst, dass das Verhalten vielleicht störend, aber sehr wahrscheinlich gar nicht gegen Sie persönlich gerichtet ist (das ist viel seltener der Fall, als wir glauben). Und ziehen Sie auch in Betracht, dass das Verhalten dieser Person eine Reaktion auf etwas ist, das Sie unbewusst aussenden: Ihre Erwartungen, Ansprüche, Urteile.

Der zweite Vorschlag, den ich Ihnen machen möchte, ist eine prophylaktische

Handlung. Wählen Sie eine täglich wieder-kehrende Handlung, während deren Sie bisher nicht gesegnet haben (z. B. das Ab-trocknen nach der Dusche), und etablieren Sie die Gewohnheit, in dieser Zeit die Per-son zu segnen, bei der Sie die größten Wi-derstände verspüren, die Person, über die Sie sich am häufigsten ärgern. Tun Sie es, selbst wenn es nur für die Dauer einer Mi-nute ist. Segnen Sie auch hier zunächst die Gesundheit und das Wohlergehen, dann das Verhalten oder die Eigenschaften, von denen Sie sich wünschten, die Person wür-de sie Ihnen, dem Thema oder der Situation gegenüber zeigen.

Betrachten Sie den Teil, den Sie selbst dazu beitragen, vielleicht weil Sie nicht aus-sprechen, wenn Sie etwas ärgert. Oder *weil* Sie sich ärgern. Dann dürfen Sie sich selbst segnen.

Ganz wichtig: Segnen im Alltag bdeutet nicht, notwendigen Konflikten oder Diskus-sionen aus dem Weg zu gehen! Zu segnen heißt keinesfalls, die eigenen Bedürfnisse zurückzustellen oder nicht zu äußern!

Im Gegenteil. Haben Sie Schwierigkeiten damit, Konflikte auszuhalten, dann segnen Sie Ihre Konfliktfähigkeit.

Haben Sie Schwierigkeiten, für Ihre Bedürfnisse einzustehen, dann segnen Sie Ihre Bedürfnisse und Ihre Fähigkeit, diese zu artikulieren und dafür einzustehen, mit allem, was Sie sind.

Können Sie sich schlecht abgrenzen und sagen zu oft „Ja", obwohl Sie „Nein" meinen? Lassen Sie sich zu oft – entgegen Ihrer Absicht – etwas aufzwingen?

Segnen Sie Ihre Fähigkeit, „Nein" zu sagen; segnen Sie Ihre Fähigkeit, hart zu verhandeln, wenn es notwendig ist; segnen Sie Ihre Klarheit und Stärke, die Selbstverständlichkeit, mit der Sie sich selbst vertreten.

Segnen ist keine Selbstaufgabe. Segnen hilft uns, „unseren Mann/unsere Frau zu stehen" – bewusst und mit offenem Herzen und der Achtung gegenüber den Menschen, mit denen wir zu tun haben. Segnen hilft uns, reaktive Handlungsmuster zu unterbrechen. Segnen hilft uns, aus dem Gedankenkarussell, dem Grübeln auszusteigen. Es hilft uns, im Hier und Jetzt anzukommen und zu bleiben, der einzigen Zeit, in der wir handeln, etwas tun können.

7. SEGNEN UND TUN

Die Anwendung des Segnens ist kein Plädoyer dafür, grundsätzlich allen Konflikten aus dem Weg zu gehen oder die eigenen Bedürfnisse zurückzustellen. Es ist nicht das Versprechen, dass alles Gewünschte in Erfüllung geht, wenn Sie nur genug segnen.

Ja, es stimmt: Je mehr wir von und mit unserem Herzen segnen, je vitaler und kraftvoller unser Herzfeld sendet und empfängt, je entspannter wir sind, desto mehr Wunder und Fügungen können sich in unserem Leben zeigen.

Die Muse küsst uns gerne, wenn wir entspannt sind, sie liefert uns Inspiration, Ideen, Gedanken, Bilder, Konzepte und Visionen. Doch ein Buch schreibt sich nicht von selbst, ein Raum gestaltet sich nicht von alleine, nichts entsteht, wenn wir nur entspannt auf dem Sofa sitzen. Wollen wir auf die andere Seite des Flusses, dann müssen wir unseren Allerwertesten bewegen. Eine Brücke suchen. Finden. Drüberlaufen.

Möchten Sie also etwas in der äußeren Welt erschaffen und gestalten, etwas erreichen, manifestieren, verändern, genügt das Segnen – das vollständige Annehmen dessen, was Sie gerade ausmacht und was Sie sein möchten – alleine nicht. Sie müssen auch dazu kommen, etwas zu tun. Mehr von dem, was Sie als richtig erkannt haben. Konsequenter jenes, was Ihnen guttut. Und etwas Neues, wenn Sie Veränderung wünschen.

Überlegen Sie sich: Was kann ich im Rahmen meiner Möglichkeiten jetzt tun, um mein Problem zu lösen/meine Situation zu verbessern? Welchen Schritt kann ich gleich jetzt und als Nächstes machen, um meinem Ziel, Wunsch, der Vollendung meines Projektes näher zu kommen? Was brauche ich jetzt? Segnen Sie alles, was sich zeigt, und machen Sie Ihre Schritte, und seien sie noch so klein. Tun Sie, was Sie können. Wenn Zweifel auftauchen, segnen Sie Ihre Zweifel.

Gerade wenn Sie in schwierigen Lebensumständen (fest)stecken, empfehle ich Ihnen dringend: Nehmen Sie sich mindestens jeden dritten Tag eine Stunde Zeit zur Kontemplation und zum Segnen!

Stellen Sie die Fragen. Beobachten Sie. Segnen Sie alle Gefühle, Gedanken und Ideen, die auftauchen. Notieren Sie Letztere. Entdecken Sie bei diesem Prozess hinderliche Überzeugungen, Gedanken, Emotionen, Erinnerungen oder Eigenschaften, dann segnen Sie diese und übergeben Sie sie Ihrem Herzen. Entdecken Sie Widerstände und Blockaden, Gründe und Rechtfertigungen für Ihre gegenwärtigen Umstände: Segnen Sie alle, einen nach dem anderen und in den Worten, in denen Ihr Verstand sie präsentiert.

Lassen Sie also nicht zu, dass Ihr Verstand das alleinige Kommando übernimmt. Der Verstand möchte uns nur zu gerne glauben machen, dass nur er in der Lage sei, Probleme zu lösen. Und führt uns im schlechtesten Falle in Selbstverurteilungen und unproduktives Grübeln, das uns auf dem Sofa sitzen bleiben lässt.

Mit Selbstverurteilungen trennen wir uns buchstäblich von unserem Herzen, von der Quelle und der Intuition. Wenn Sie bemerken, dass Sie in das Vorwurfs- und Urteilskarussell Ihres Verstandes geraten sind, unterbrechen Sie dieses unwürdige Schauspiel sofort.

Ja! Segnen Sie Ihre Unzulänglichkeiten, Ihre Fehler, „den ganzen Sch...". Fühlen Sie sich mutlos, dann segnen Sie Ihre Mutlosigkeit. Fühlen Sie sich verwirrt oder zerstreut, dann segnen Sie Ihre Verwirrung und Zerstreuung. Sind Sie einsam – segnen Sie sich und Ihre Einsamkeit. Gerade dann, wenn Sie das Gefühl haben, vom Leben nicht gesegnet zu sein, ist es umso mehr an Ihnen, Sie selbst, Ihr Leben und alles um Sie herum zu segnen.

Stellen Sie sich herausfordernde Fragen, suchen Sie nach Lösungen, nach neuen Denk- und Verhaltensoptionen. Nutzen Sie also immer Kopf und Herz, um Ihre nächsten Schritte zu klären. Und dann: Tun Sie jeden Tag mindestens eine Sache, eine Aktion, die Ihnen weiterhilft, die voranbringt, was Sie erreichen, erschaffen möchten. Das muss nicht immer etwas Großes sein: Das Einholen einer Information, eine Anfrage, eine Viertelstunde Fitness oder fünfundzwanzig Minuten Schreiben sind keine Riesenschritte, aber hundert Prozent mehr, als nichts zu tun! Auch Minischritte bringen uns voran.

Im Übrigen: Wenn uns Durchhaltevermögen, Motivation und Handlungsvitalität fehlen, können auch körperliche Störungen die Ursache sein. Fehlt es uns an bestimmten Nährstoffen, beispielsweise durch eine

Störung im Magen-Darm-Bereich oder eine einseitige Ernährung, dann fehlt es auch an den Hormonen, die unser Wohlbefinden, unsere Leistungsfähigkeit steuern und beeinflussen. Auch regelmäßiger Sport, Sonnenlicht, Sauerstoff und guter Schlaf sind essenziell, um psychisch und körperlich vital und handlungsfähig zu sein.

Vielleicht haben also Ihre wichtigsten nächsten Schritte nicht direkt mit Ihrem Problem, Ziel oder Lebensbereich zu tun, wohl aber mit der Basis: Ihrer Lebensenergie. Finden Sie auch hier heraus, was es braucht, brauchen könnte, und welche (kleinen) Schritte Sie als Nächstes gehen werden.

Nutzen Sie dafür den Prozess, den ich Ihnen weiter oben beschrieben habe: Fragen stellen. Beobachten. Segnen. Tun. Das sind die vier Schlüssel-Schritte, die ich Ihnen hier ans Herz lege, wenn Sie was auch immer verändern oder erreichen möchten.

Sollten Sie an einem Punkt, einer speziellen Sache, mit einem Thema alleine nicht weiterkommen, halten Sie Ausschau nach Unterstützung.

Ob es darum geht, über eine Hürde zu kommen, eine neue Perspektive zu entdecken, nötiges Wissen zu erlangen, etwas zu klären oder eine (körperliche) Blockade, ein altes Trauma, eine energetische oder familiäre Dysbalance aufzulösen – manchmal braucht es den Rat, das Wissen, die Fähigkeiten anderer Menschen. Die vier Schritte werden Ihnen helfen herauszufinden, welche Art von Unterstützung Sie gerade benötigen.

All diese Schritte kann Ihnen niemand abnehmen. Unseren Rucksack tragen wir selbst. Unsere Schritte setzen wir selbst. Was wir tun, entscheiden wir selbst. Das Leben ist nicht immer leicht, nicht immer angenehm; doch mit der Kraft des Segnens halten Sie einen Schlüssel in der Hand, der Ihnen hilft, wann immer Sie die Wahl dazu treffen.

8. MEIN WUNSCH AN SIE

Sicher ist Ihnen das auch schon passiert: Sie kommen einem Kinderwagen entgegen und aus diesem heraus wird fröhlich gewunken und gelacht – obwohl Sie weder Kind noch Eltern kennen. Es ist diese Mischung aus Offenheit und Neugier dem Leben gegenüber, an die wir uns, als Erwachsene, erinnern dürfen. (Haben Sie heute schon Ihre Offenheit und Neugier gesegnet?)

Erkunden Sie die segensreichen Wirkungen des Segnens. Und seien Sie dabei so offen und spielerisch wie kleine Kinder. Segnen ist keine Arbeit. Segnen ist gelebter Ausdruck einer Geistes- und Herzenshaltung. Und die darf und soll mit Freude gelebt werden!

Erklären Sie das Segnen zu Ihrem alltäglichen Ritual: im Bus oder der Bahn, in der

Schlange an der Kasse, im Stau oder an der Ampel. Segnen Sie in der Arbeit, beim Spaziergang und zu Hause, alleine auf der Couch oder in Gesellschaft. Segnen Sie, was im Moment anliegt, gerade hochkommt, vom Alltag angespült wird. Segnen Sie, was der Heilung oder Stärkung bedarf, wofür Sie dankbar sind. Bei Ihnen selbst und den Menschen Ihres Alltags.

Kontern Sie Ihrem aufgeblasenen Verstand, den inneren Kritikern, den reaktiven Verhaltensmustern und dem gewöhnlichen Trott aus Ärger und Urteilen mit einem freundlichen Segen. Antworten Sie mit dem Herzen.

Das Schöne und Wirksame am Segnen: Sie erschaffen, bewusst und in freier Wahl, einen Moment der achtsamen Präsenz. Mit der Konzentration auf Ihr Herzfeld (dem bewussten Wahrnehmen Ihres Körpers) steigen Sie aus dem üblichen Geplapper des Kopfes aus. Und kommen ganz in den Moment, der das LEBEN ist. So hebt fortgesetztes Segnen unser Energie-Niveau, denn nur im JETZT ist Leben spürbar. So schafft fortgesetztes Segnen die Gedankenlücken, in denen Veränderung geschehen kann. Grübeln und Gedankenkreisen – das gedankliche Verweilen in Vergangenheit und Zukunft behindert nicht nur die Aufnahme von Lebensenergie, es verhindert auch zuverlässig jede Heilung oder Transformation.

Die Kraft des Segnens ist ein Geschenk, das in jedem Moment bereitliegt. Bereit, genutzt zu werden, um JETZT mehr Glück und Wohlbefinden, Gesundheit und Frieden zu erschaffen. Zu unserem höchsten Wohle und dem höchsten Wohle aller, die mit uns zu tun haben. Wir haben sekündlich die Wahl, es zu tun oder zu lassen.

Betrachten Sie das Segnen als einen Schlüssel, den Sie so selbstverständlich gebrauchen wie den für den Briefkasten oder die Wohnungstüre. So selbstverständlich wie die Dusche am Morgen, das Mittagessen und das Zähneputzen am Abend.

Und wenn Sie den Schlüssel einmal verlegen? Vergessen, sich und andere und alles, was Sie stört und schmerzt, zu segnen? Sich stattdessen in Frustration, Wut und Ärger verlieren? Wenn der Rechthaber und der Kritiker in Ihrem Kopf (wieder mal) die Tür zuschlägt? Dann freuen Sie sich darüber, dass Sie ein Mensch sind, mit einer neuen Gelegenheit eine Wahl zu treffen – für das Segnen.

Die Hauptsache ist, Sie nehmen den Schlüssel wieder in die Hand und sperren auf!

Machen Sie das Segnen zu Ihrer Gewohnheit, einer Gewohnheit, die Ihnen jeden Tag zu mehr Glück und Wohlbefinden verhelfen kann.

Ich wünsche Ihnen eine reiche Ernte: Freude, Gesundheit, Wohlbefinden auf allen Ebenen!

Berichten Sie mir gerne von Ihren Erfahrungen. Sie erreichen mich über: buch-segnen@gschoeffmann.de

ÜBER DEN AUTOR

Jahrgang 1971, Autor, Kinesiologe und System-Aufsteller, System-Kinesiologischer Coach (LGEZ).
Lebt und arbeitet in München.

Abonnieren Sie auch meine monatliche Impuls-Mail.
Mehr dazu auf: www.erlaube-dir-veraenderung.de

LITERATUR-EMPFEHLUNGEN

Ablass, Werner: Leide nicht - liebe. Über die Liebe zur Liebe ohne Objekt. Omega 2004

Hellinger, Bert u. ten Hövel Gabriele: Anerkennen, was ist - Gespräche über Verstrickungen und Lösungen - Kösel 2000

Tolle, Eckhart: Jetzt! Die Kraft der Gegenwart. J.Kamphausen 2002

Pradervand, Pierre: Segnen heilt. Wie Dein Segen die Welt verändert und dich selbst. Reichel 2016

Ulsamer, Bertold: Ohne Wurzeln keine Flügel. Die systemische Therapie von Bert Hellinger. Goldmann 1999

Walsh, Neal Donald: Gespräche mit Gott, Band 1 - ein ungewöhnlicher Dialog. Arkana 1997

Walsh, Neal Donald: Glücklicher als Gott - Verwandle Dein Leben in eine außergewöhnliche Erfahrung. J. Kamphausen 20

IMPRESSUM

© 2019 Gregor M. Schöffmann

Satz und Umschlaggestaltung: Gregor M. Schöffmann

Korrektorat: Judith Bingel, M.A.

Verlag und Druck: tredition GmbH, Halenreie 40–44,
22359 Hamburg

ISBN Taschenbuch: 978-3-7482-6726-3

ISBN Hardcover: 978-3-7482-6727-0

ISBN E-Book: 978-3-7482-6728-7

Bibliografische Information der Deutschen
Nationalbibliothek:
Die Deutsche Nationalbibliothek verzeichnet diese
Publikation in der Deutschen Nationalbibliografie;
detaillierte bibliografische Daten sind im Internet über
http://dnb.d-nb.de abrufbar.

Zeitfracht Medien GmbH
Ferdinand-Jühlke-Straße 7
99095 Erfurt, Deutschland
produktsicherheit@kolibri360.de